인생 고민을
덜어주는 말

Words that ease your mind

Words that ease your mind © JangWon Hyun 2025

인생 고민을
덜어주는 말
Words that ease your mind

- 불안한 마음을 다잡아 주는 200문장 -

현장원 지음

BromBooks
브롬북스

사는 일은 늘 정답 없는 흐름 속을
건너는 일입니다.

내가 어디쯤 와 있는지,
제대로 가고 있는지 알기 어려운 순간도 많지요.

그럴 때,
길게 설명하지 않아도
조용히 마음에 닿는 짧은 글 한 줄이
잠시 숨을 고를 힘이 되어줍니다.

부디 이 책이
'당신이 당신답게' 살아가는 길 위에서
잠시 머물러 쉬어갈 수 있는
편안한 쉼터가 되길 소망합니다.

진정한 나 자신이 된다는 것은

절망의 반대다.

- 쇠렌 키르케고르

To be that self which one truly is,

is indeed the opposite of despair.

— Søren Kierkegaard

Prologue

조금씩, 천천히, 그리고 나답게 살아가기

 우리는 매일 선택의 기로에 서고, 수많은 감정과 생각 속에서 하루를 살아갑니다. 때로는 관계에 지치고, 때로는 내 마음조차 알 수 없어 헤맵니다.

 큰 꿈을 꿔야 한다는 부담, 모든 걸 잘해야 한다는 조급함, 그리고 한 발짝 내디디는 것도 두려운 변화 앞에서 우리는 자주 멈춰섭니다.

 이 책은 그런 당신을 위한 작은 등불이 되고 싶습니다. 거창한 이론이나 어려운 조언 대신, 삶의 어느 한순간에 건네고 싶은 짧은 이야기들을 담았습니다.

 어쩌면 당신은 지금, 조금 쉬고 싶은 사람일지도 모릅니다. 무언가를 끝낸 사람, 혹은 이제 막 시작하려는 사람일 수도 있겠죠. 누구든 괜찮습니다. 이 글들은 그런 모든 '당신'을 위한 것입니다.

 사랑과 이별, 성장과 변화, 관계와 선택, 그리고 다시 희망으로 이어지는 이야기들이 당신의 하루 한 귀퉁이에 조용히 놓이길 바랍니다.

 완벽하지 않아도, 멀리 가지 않아도 좋습니다. 조금씩, 천천히, 나답게 살아갈 수 있다면 그것만으로도 우리는 잘하고 있는 겁니다.

 당신의 길 위에, 이 작은 문장들이 따뜻한 위로이자, 편안한 동행이 되기를 바랍니다.

지은이 현장원 드림

Contents

인생 고민을 덜어주는 말 200

◆ **PART 01 : 자존감과 나 자신** • *12*
　　나를 사랑하는 힘, 자존감을 높여야 한다

◆ **PART 02 : 불안과 미래** • *34*
　　불확실함 속에서 찾는 용기와 성장

◆ **PART 03 : 관계와 사람들** • *56*
　　진짜 나와 연결되는 건강한 관계

◆ **PART 04 : 사랑과 이별** • *78*
　　성장과 용기, 그리고 새로운 시작

◆ **PART 05 : 자기 성장과 목표** • *100*
　　꾸준한 성장과 자기 믿음, 그리고 도전의 힘

◆ PART 06 : 마음의 평화 • *122*
내면의 고요함과 마음의 쉼

◆ PART 07: 관계와 소통 • *144*
진심과 거리, 그리고 편안한 연결

◆ PART 08 : 변화와 선택 • *166*
두려움과 용기, 그리고 나다운 길 찾기

◆ PART 09 : 꿈과 희망 • *188*
꿈, 꺼지지 않는 희망의 불빛

◆ PART 10 : 삶의 지혜와 깨달음 • *210*
흐름을 받아들이는 삶의 지혜

"나를 사랑하는 힘, 자존감을 높여야 한다."

자존감은 자기 존재를 있는 그대로 수용하는 데서 비롯된다. 완전하지 않아도 무방하며, 타인과의 비교 또한 불필요하다. 자신의 감정을 인정하고 스스로에게 온화하게 대할 때 비로소 진정한 자기 사랑의 힘이 형성된다.

Part 1

자존감과 나 자신

001

나를 가장 잘 아는 사람은 나다

나는 나를 누구보다 잘 알기에 때로는 스스로에게 지나치게 엄격해질 때가 있다. 그러나 몰아세우기보다 가끔은 따뜻하게 감싸 안을 필요가 있다. 세상이 몰라줘도 내가 나를 인정해 주는 것, 그것이 가장 큰 위로이자 힘이 된다.

My thoughts

....
....
....

비교는 나를 잃는 지름길이다

비교하는 순간 내 삶의 중심은 흐려진다. 남의 시선에 머무는 순간 흔들리기 쉽다. 그러나 나에게 집중할 때 비로소 내 길이 또렷해진다. 지금 내가 선택한 길을 믿고, 흔들림 없이 걸어가자.

My thoughts

....
....
....

003

지금의 나로도 괜찮다

더 나아지지 않아도, 무언가를 이루지 않아도 괜찮다. 지금의 나를 있는 그대로 받아들이는 것, 그것이 자존감의 시작이자 나를 사랑하는 첫걸음이다.

My thoughts

....
....
....

004

스스로를 믿는 힘이 인생을 바꾼다

자기 신뢰는 삶의 방향을 정하는 나침반이다. 남이 몰라줘도 내가 나를 믿는다면 어떤 순간에도 흔들리지 않을 수 있다. 스스로에 대한 확고한 믿음 하나가 결국 큰 변화를 만들어낸다.

My thoughts

....

....

....

005

항상 잘하지
않아도 괜찮다.

가끔은 실수하고 멈춰 서며 흔들릴 때도 있다. 그렇다고 내가 부족한 사람은 아니다. 성장은 실패 속에서 이루어지고, 지금의 나를 인정하는 마음은 훗날 더 큰 힘이 된다.

My thoughts

....

....

....

완벽하지 않아도
사랑받을 자격이 있다

조금 모자라고 서툴러도, 흔들리고 실수해도 나는 여전히 사랑받을 수 있는 사람이다. 사랑은 조건이나 자격에서 비롯되는 것이 아니라 존재 그 자체에서 비롯됨을 기억하자.

My thoughts

....
....
....

나의 감정을 일부러
외면하지 말자

울고 싶을 땐 울어도 된다. 감정은 잘못이 아니며, 억누를수록 마음속에 더 깊이 쌓인다. 스스로의 감정을 외면하지 않고 있는 그대로 느끼는 것, 그것이 건강한 삶이다.

My thoughts

....
....
....

괜찮은 척,
이제 그만해도 된다

힘들면 힘들다고 말해도 괜찮다. 누구나 약해질 수 있으며, 그 약함을 솔직히 인정하는 용기야말로 진정한 강함이다. 나의 진심을 숨기지 않는 순간부터 치유는 조금씩 시작된다.

My thoughts

....
....
....

내 마음을 가장 먼저
돌봐야 할 사람은 나다

남을 돌보기 전에 내 마음부터 살펴야 한다. 마음이 고단하고 텅 비어 있으면 줄 수 있는 것도, 나눌 수 있는 여유도 사라진다. 나의 감정을 보듬고 지키는 일은 결국 내 삶을 지켜내는 가장 근본적인 힘이 된다.

My thoughts

....
....
....

나는 내가
생각하는 것보다 강하다

지금까지 걸어온 길을 돌아보면, 수많은 어려움 속에서도 결국 여기까지 왔다. 그 사실만으로도 나는 충분히 강했고, 앞으로도 잘 해낼 수 있는 사람이다.

My thoughts

....
....
....

011

인정받지 않아도
나는 나다

타인의 평가에 흔들리지 말자. 나의 가치는 남이 정하는 것이 아니라, 나를 가장 잘 아는 나 자신으로부터 시작된다. 진정한 인정은 바깥이 아니라 내 안에서 자라난다.

My thoughts

....

....

....

012

작은 성취를
스스로 축하하자

크지 않아도, 남들이 몰라줘도 내가 해낸 작은 일들은 분명 의미가 있다. 오늘도 멈추지 않고 한 걸음을 내딛은 나에게 진심으로 "잘했어"라고 말해 주자.

My thoughts

....

....

....

013

상처는 나를
단단하게 만든다

지나온 아픔은 결코 헛되지 않았다. 그 시간 속에서 나는 조금씩 성장했고, 상처는 나를 더 깊고 단단하게 만들어 준 소중한 흔적이 된다.

My thoughts

....
....
....

슬픔도 나의 일부다

기쁨만으로 인생이 채워지진 않는다. 슬픔은 나를 더 깊고 단단하게 만들며, 그 감정을 부끄러워하지 않을 때 비로소 진짜 나와 마주할 수 있다.

My thoughts

....
....
....

나에게 자주
"수고했어"라고 말하자

하루를 잘 버텨낸 나 자신에게 따뜻한 말을 건네자. 타인의 인정보다 더 중요한 것은 내가 나에게 건네는 다정한 격려다. 스스로에게 건네는 한마디가 언제나 가장 큰 힘이 된다.

My thoughts

....
....
....

016

오늘을 살아낸 나, 충분히 잘했다

별일 없었던 하루도 사실은 충분히 대단했다. 아무 일 없이 흘러간 시간 속에서도 묵묵히 나를 지켜낸 것, 그것만으로도 오늘은 의미 있는 하루였다.

My thoughts

....

....

....

017

자기혐오는
나를 갉아먹는다

스스로를 비난하는 습관은 마음을 점점 옥죄고 삶을 더 힘들게 만든다. 더 나은 삶을 바란다면, 먼저 나를 있는 그대로 이해하는 것부터 시작해야 한다. 스스로에 대한 이해는 자기 자신을 향한 사랑의 첫걸음이다.

My thoughts

....

....

....

018

불안도 나의 일부다

불안은 어쩌면, 내가 나를 지키기 위해 보내는 내면의 신호일지도 모른다. 마음속 불안을 무작정 밀어내기보다 따뜻한 시선으로 바라보자. 불안조차도 결국은 나를 더 단단하게 만드는 자양분이 될 수 있다.

My thoughts

....
....
....

019

조금 느려도 괜찮다 쉬면서 가자

세상보다 늘 앞서갈 필요는 없다. 가끔은 쉬면서 멈추고 숨 고를 줄 아는 사람이 결국 더 멀리 간다. 조급해하지 말고 나를 위해 천천히, 묵묵히 걸어가도 괜찮다.

My thoughts

....
....
....

타인의 시선이 아니라, 내 마음이 이끄는 길을 믿자

항상 타인의 시선보다 내 마음의 소리를 먼저 듣자. 남의 기준에 맞추려 할수록 내 자리는 좁아진다. 결국 나와 가장 오래 함께할 사람은 나 자신이니, 내 마음이 말하는 방향을 먼저 듣고 믿어야 한다.

My thoughts

....
....
....

"불확실함 속에서 찾는 용기와 성장"

미래는 누구도 예측할 수 없는 불확실성으로 가득 차 있으나, 그 속에서 인간은 성장하고 전진한다. 불안은 정지 상태가 아닌 지속적 움직임의 징표이며, 완벽함을 추구하기보다 '충분히 괜찮은' 선택을 이어가는 과정 자체가 중요하다. 두려움 앞에서 한 걸음을 내딛고, 현재에 주의를 집중하며, 변화에 유연하게 대응할 때 비로소 삶은 견고해지고, 미래는 점차 밝아진다.

Part 2

불안과 미래

021

아무도 미래를 정확히 예측하지 못한다

계획은 언제든 틀어질 수 있다. 중요한 것은 예상치 못한 순간에 내가 어떤 태도로 반응하느냐다. 아무도 미래를 정확히 예측할 수 없으며, 우리는 불확실함 속에서 계속 배우고 성장한다는 것을 기억하자.

My thoughts

....
....
....

022

불안은 나아가고 있다는
신호일지도 모른다

불안은 내가 멈춰 있지 않고 무언가에 도전하고 있다는 증거일지도 모른다. 그 감정을 부정하기보다 앞으로 나아가는 나에게 다정한 시선을 보내 주자.

My thoughts

....

....

....

023

지금 고민한다고
완벽한 답이 생기진 않는다

대부분의 정답은 시간이 지나야 비로소 드러난다. 지금은 '완벽한 선택'보다 '충분히 괜찮은 선택'을 하는 것이 더 중요할 수 있다. 확신이 없어도 괜찮다. 그것 또한 삶의 자연스러운 일부이기 때문이다.

My thoughts

....

....

....

앞이 안 보여도
발을 내디뎌야 길이 생긴다

처음 걷는 길은 언제나 막막하게 느껴진다. 그러나 한 걸음씩 내디딜 때마다 예상치 못한 풍경과 가능성이 펼쳐진다. 두려움보다 중요한 것은 지금 내딛는 첫걸음이며, 그 발걸음이 곧 나만의 길이 되기도 한다.

My thoughts

....

....

....

025

오늘의 불안이 내일을 망치게 두지 마라

불안은 대개 실제보다 과장되어 느껴진다. 오늘 내가 할 수 있는 단 한 가지에 집중하면, 내일은 분명 오늘보다 더 가벼워질 수 있다. 불안은 감정일 뿐, 결코 나를 지배하게 두지 말자.

My thoughts

....

....

....

모든 일은 결국 지나간다

한때 끝없이 느껴졌던 고통도 시간이 지나면 사라진다. 아무리 깊은 상처라도 시간은 천천히 그러나 확실하게 아물게 한다. 오늘의 혼란도 언젠가 지나간 이야기 중 하나가 될 것이다.

My thoughts

....

....

....

불확실한 삶이
우리를 성장시킨다

계획된 삶은 안정적일 수 있지만, 예측할 수 없는 순간들이 진짜 나를 단련시킨다. 실수와 변화 속에서 우리는 더 유연해지고 강해진다. 중요한 것은 완벽한 미래가 아니라 변화에 흔들리지 않는 자신이다.

My thoughts

....

....

....

오늘 하루만 잘 살아도 인생은 바뀐다

인생은 결국 하루하루의 선택과 행동이 모여 만들어진다. 거창한 미래보다 지금 이 하루를 충실히 살아내는 것이 더 현실적인 희망이 된다. 오늘의 내가 단단해질수록 미래는 더 밝아진다.

My thoughts

....

....

....

지나고 나면
별일 아니었던 일들이 많다

그땐 세상이 무너질 것 같았지만, 지금은 아무렇지 않은 일이 된 경우가 많다. 감정은 시간이 지나면 가라앉고, 문제는 작아진다. 지금의 걱정도 곧 사라질 테니 너무 깊이 휘둘리지 말자.

My thoughts

....

....

....

030

너무 먼 미래보다
내일 아침을 먼저 생각하자

1년 뒤의 일보다 내일 눈뜨는 순간의 내가 조금 더 편했으면 좋겠다. 미래는 불확실하니, 가까운 목표부터 하나씩 정리해 나가는 것이 현명하다.

My thoughts

....
....
....

031

두려움은
행동으로만 이길 수 있다

생각만으로는 현실이 달라지지 않는다. 불안을 줄이는 가장 빠른 방법은 작은 행동이다. 움직이는 과정 속에서 마음도 조금씩 정리된다. 행동으로 옮기는 것만이 두려움을 이기는 가장 확실한 길이다.

My thoughts

....

....

....

계획은 유연하게, 마음은 단단하게

계획은 바뀔 수 있지만 내가 원하는 방향은 흔들리지 않아야 한다. 외부 상황에 요동치더라도 마음만 단단히 붙잡고 있다면 길은 다시 잡힌다. 변화는 자연스러운 흐름이며, 중요한 것은 나의 중심이다.

My thoughts

....
....
....

033

망설임도 성장의 일부다

결정을 내리지 못해 흔들리는 자신을 탓하지 말자. 그 시간조차도 나를 만들어가는 과정이다. 조금 돌아가더라도 언젠가는 도착한다. 너무 조급해하지 않아도 된다.

My thoughts

....

....

....

034

가끔은 '일단 해보기'가 정답이다

생각만 하다 멈춰버린 일이 얼마나 많았던가. 완벽을 기다리기보다 일단 시작하는 용기가 더 중요하다. 시작이 흐름을 만들고, 흐름이 변화를 이끈다.

My thoughts

....
....
....

지금 느끼는 불안도 하나의 감정일 뿐이다

불안은 잘못된 감정이 아니다. 오히려 지금을 잘 살아내고 싶은 마음에서 비롯된 자연스러운 반응이다. 그 감정을 억누르거나 몰아세우지 말고, 있는 그대로 받아들이자.

My thoughts

....
....
....

고민한다고
삶이 편해지진 않는다

   너무 깊은 생각은 때때로 무기력을 만든다. 고민이 길어질수록 현실과 멀어지기 쉽다. 모든 걸 해결하려 애쓰기보다 때로는 그냥 한 걸음 내딛는 것이 더 나은 답이 된다.

My thoughts

....

....

....

삶이 무서운 날도
있어야 인간이다

두려움을 느끼는 건 나약함이 아니라 인간의 자연스러운 감정이다. 우리는 완벽한 기계가 아닌, 감정을 가진 사람이다. 강해지려 애쓰기보다, 약한 날엔 스스로에게 조금 더 너그러워지자.

My thoughts

....
....
....

038

삶의 방향은
언제나 내 선택이다.

삶의 길은 언제든 수정할 수 있다. 실수는 되돌아갈 기회를 알리는 신호이며, 지금 방향을 바꿔도 늦지 않다. 방향을 정하는 것은 언제나 나 자신임을 잊지 말자.

My thoughts

....
....
....

배움이 삶을
앞으로 이끈다

모든 선택은 결과와 함께 교훈을 준다. 잘못된 선택에 머물며 후회하기보다, 지금 무엇을 배우고 있는지에 집중하자. 그 배움이 삶을 앞으로 이끈다.

My thoughts

....
....
....

미래는 오늘의 선택에서 시작된다

내일을 바꾸고 싶다면 지금 이 순간을 바꿔야 한다. 미래는 바람이나 기대만으로 만들어지지 않는다. 오늘 내가 어떤 선택을 하고 어떻게 살아가느냐에 따라 미래가 달라진다.

My thoughts

....
....
....

"진짜 나와 연결되는 건강한 관계"

모두에게 호감을 얻고자 과도한 노력을 기울이기보다는, 나를 있는 그대로 인정하고 지켜주는 이들과의 관계에 집중하는 것이 바람직하다. 진정한 관계는 형식적 노력에서 비롯되는 것이 아니라, 진심에서 비롯되며, 불필요하게 힘든 인연은 단호하게 끊을 수 있는 용기가 요구된다. 진정으로 소중한 사람들과의 관계는 언어적 교류를 넘어 마음으로 통하며, 적절하고 건강한 거리가 오히려 더욱 깊은 유대를 형성한다.

Part 3

관계와 사람들

041

모든 사람에게
잘 보일 필요는 없다

모두에게 인정받으려 애쓰다 보면 결국 나를 잃는다. 진짜 관계는 꾸미지 않아도 괜찮으며, 있는 그대로의 나를 받아들여주는 사람이 있다. 나를 이해하는 소수에게 마음을 쏟는 것이 더 건강한 삶이다.

My thoughts

....

....

....

내 사람은 결국 남는다

떠나는 사람에게 마음 쓰느라 정작 내 곁에 있는 사람을 잊지 말자. 수많은 인연 속에서 진짜는 굳이 붙잡지 않아도 곁에 남는다. 함께할 사람은 자연스럽게 함께하게 되어 있다.

My thoughts

....

....

....

인간관계는
줄일수록 편해진다

관계는 많을수록 복잡해지고, 그만큼 에너지도 소진된다. 마음을 나눌 수 있는 몇 사람만으로도 충분하며, 그 소수의 인연이 오히려 더 깊고 단단하다. 필요 없는 관계를 줄이면 마음이 훨씬 가벼워진다.

My thoughts

....

....

....

멀어진 관계는
꼭 회복할 필요 없다

모든 인연이 끝까지 함께할 수는 없다. 상처를 주기 전에 자연스럽게 멀어진 관계는 오히려 나를 위한 선택일 수 있다. 손을 놓는 것도 하나의 용기이자 지혜이며, 때로는 그것이 나를 지키는 길이다.

My thoughts

....
....
....

누가 날 좋아하지 않아도 괜찮다

세상 모든 사람이 나를 좋아할 필요는 없다. 중요한 것은 내가 나를 어떻게 바라보느냐이다. 타인의 시선이나 무관심에 흔들리지 말고 스스로의 가치를 잃지 말자.

My thoughts

....
....
....

좋은 사람은
설명하지 않아도 통한다

말하지 않아도 마음이 통하는 사람이 있다. 말보다 깊은 신뢰와 감정으로 이어진 인연이 더 소중하다. 설명이 필요 없는 관계가 오래도록 믿을 수 있는 진짜 인연이다.

My thoughts

....

....

....

047

나쁜 관계는
끊어내야 내 삶이 산다

불편한 관계를 억지로 이어가며 자신을 해치고 있다면, 그것은 더 이상 관계라 할 수 없다. 오래될수록 독이 되는 인연은 스스로 끊어내야 하며, 단호한 거리 두기가 자기 보호의 시작이다.

My thoughts

....

....

....

048

나를 힘들게 하는 관계는 놓아도 된다

의무감이나 미안함으로 이어가는 관계는 결국 나를 지치게 한다. 진짜 좋은 사람은 나를 힘들게 하지 않는다. 나를 먼저 챙기고 싶은 날에는 그런 인연부터 정리해도 괜찮다.

My thoughts

....

....

....

거절은 나쁜 일이 아니다

싫은 것을 싫다고 말할 수 있는 용기가 진짜 관계를 만든다. 내 선택을 존중하지 않는 사람과는 굳이 인연을 이어가지 않아도 된다. 거절은 이기심이 아니라 자기 존중의 표현이다.

My thoughts

....
....
....

때로는 침묵이
최고의 대화다

모든 것을 말로 설명할 필요는 없다. 침묵은 때로 말보다 더 깊은 마음을 전하며, 진심은 태도에 담긴다. 서로 말이 없어도 통하는 관계가 진짜다.

My thoughts

···
···
···

051

내 곁에 있는 사람에게
더 집중하자

멀리 있는 사람의 마음을 애타게 바라기보다, 지금 내 곁에 있는 사람을 소중히 여겨야 한다. 가까운 인연이 당연해지지 않도록, 곁에 있는 사람에게 더 많은 따뜻함을 전하자.

My thoughts

....
....
....

좋은 말 한마디가
하루를 바꾼다

말은 마음을 움직이고 관계를 회복시키는 가장 빠른 도구다. 따뜻한 말은 사람을 살리고, 무심한 말은 깊은 상처를 남긴다. 가볍게 던진 긍정의 말 한마디가 누군가의 하루를 바꾸기도 한다.

My thoughts

....

....

....

오해는 말보다 진심이 푼다

억지로 해명하려 애쓰기보다, 진심을 보여주는 것이 더 중요하다. 마음을 열면 오해는 풀릴 수 있고, 말보다 마음을 읽으려는 태도가 관계를 회복시킨다.

My thoughts

....
....
....

054

친절하되, 만만하진 말자

다정함은 소중하지만, 경계가 없으면 오히려 상처가 될 수 있다. 내 마음을 지키면서도 충분히 친절할 수 있고, 무례한 태도에는 분명한 선을 그어야 한다. 착하다는 것과 무방비한 것은 다르다.

My thoughts

....
....
....

관계는 억지 노력으로
지속되지 않는다

 억지 노력으로 이어가는 관계는 결국 어색해지고 지치게 된다. 진심이 없다면 아무리 애써도 결국 공허할 뿐이다. 마음이 먼저 닿는 사람과의 관계는 자주 만나지 않아도 오래 간다.

My thoughts

....

....

....

진짜 친구는
말하지 않아도 안다

말없이도 서로를 이해하는 사람, 멀리 있어도 마음이 닿는 사람이 있다. 힘든 순간 가장 먼저 떠오르는 그 사람이 진짜 친구다. 친구는 거리가 아니라 마음으로 판단된다.

My thoughts

....

....

....

너무 오래 참으면
결국 터진다

감정을 억누르기만 하면 언젠가 큰 폭발로 돌아온다. 관계 안에서도 내 마음을 솔직하게 표현할 줄 알아야 하며, 쌓이기 전에 가볍게 털어내는 습관이 필요하다. 참는 것만이 미덕은 아니다.

My thoughts

....
....
....

지치게 만드는 관계에서
나를 구해내야 한다

계속해서 피로를 주는 인연은 삶의 균형을 무너뜨린다. 내 감정과 에너지를 지키기 위해서라도 때로는 관계를 정리해야 한다. 스스로를 지키는 첫걸음은 불필요한 인연에서 벗어나는 것이다.

My thoughts

....
....
....

사람을 바꾸려 하지 말고
거리를 조절하자

바뀌지 않는 사람에게 기대를 걸다 보면 내 마음만 지쳐간다. 거리를 두는 건 포기도, 패배도 아니다. 적당한 거리는 오히려 관계를 더 건강하게 만든다.

My thoughts

가장 가까운 사람이
가장 아프게 할 수 있다

가까운 사람일수록 더 깊은 상처를 주고받는다. 그만큼 마음을 나눴던 사이였기에 더 아프다. 그러나 상처조차 서로를 이해하는 또 하나의 과정일 수 있다. 솔직한 마음을 나누고 용서를 배우는 순간, 관계는 이전보다 더 단단해질 수 있다.

My thoughts

....
....
....

"사랑의 성장과 용기, 그리고 새로운 시작"

사랑은 때로 아프고 상처를 남기지만, 그 과정에서 우리는 성장한다. 진정한 사랑은 나를 온전히 받아들이고 나 자신과의 건강한 관계에서 시작된다. 이별은 끝이 아닌 새로운 시작이며, 때로는 사랑을 놓아주는 용기가 진짜 사랑이다. 사랑은 말보다 행동으로 증명되고, 서로의 다름을 존중하며 '우리'를 만들어가는 과정임을 잊지 말자.

Part 4

사랑과 이별

상처를 지나야
사랑도, 나도 단단해진다

사랑은 마음을 열고 상처받을 용기에서 시작된다. 완벽할 수 없기에 아프고 흔들리지만, 그 과정을 지나야 비로소 진짜 마음을 이해하게 된다. 시간이 흘러 상처가 아물면 우리는 더 단단해진 자신을 마주하게 된다.

My thoughts

....
....
....

있는 그대로를
품어줄 때 사랑이 시작된다

조건 없이 나를 있는 그대로 받아주는 사람이 있다는 건 무엇보다 큰 위안이다. 장점뿐 아니라 단점까지 품어주는 그 마음이야말로 진짜 사랑의 시작이다. 그런 사랑을 만나면 세상은 훨씬 따뜻하게 다가온다.

My thoughts

....
....
....

이별은 새로운
시작의 첫걸음이다

끝났다는 사실은 아프지만, 이별은 또 다른 가능성의 문을 연다. 과거에 머무르기보다 새로운 걸음을 내딛어야 한다. 지금의 빈자리도 언젠가는 새로운 사랑으로 채워질 수 있음을 기억하자.

My thoughts

....
....
....

064

사랑은 균형이 맞아야 한다

사랑은 균형이 맞지 않을 때 흔들린다. 너무 일방적인 사랑에 애쓰지 말고, 내 마음부터 지켜야 한다. 나를 너무나 아프게 하는 사랑은 진짜 사랑이 아니며, 그런 관계는 다시 돌아봐야 할 신호다.

My thoughts

....

....

....

혼자서도 행복할 줄 알아야 사랑할 수 있다

오로지 외로움을 채우기 위한 사랑은 오래가지 않는다. 외로움을 때로는 받아들이고, 자기 자신과의 관계가 안정되어야 타인과도 건강한 관계를 맺을 수 있다. 내 안의 평화가 진정한 사랑의 시작점이다.

My thoughts

....
....
....

자신을 잃지 않는 것이 가장 중요하다.

누군가를 사랑하면서도 나를 잃지 않아야 한다. 스스로를 지키지 못하면 어떤 관계도 건강하게 지속될 수 없다. 사랑은 나를 소모하는 것이 아니라, 함께 성장하는 것이다.

My thoughts

....
....
....

좋은 이별은
마음을 자유롭게 한다

 슬프더라도 붙잡지 않고 놓아줄 용기가 필요하다. 끝난 인연에 미련을 두기보다, 다음 사랑을 위한 자리를 비우는 것이 나를 위한 더 나은 선택일 수 있다. 때로 이별은 해방이다.

My thoughts

....

....

....

사랑은 완벽하지 않아도 괜찮다

완벽한 사람은 없고, 사랑도 마찬가지다. 중요한 건 서로를 이해하려는 진심과 노력이 있다면 그 자체로 충분하다. 부족함을 채워가는 과정이 진짜 사랑을 만든다.

My thoughts

....
....
....

사랑은 기다림이 아닌 함께할 때 빛난다

기다림이 길어지면 마음은 점점 지쳐간다. 함께하는 지금 이 순간, 눈을 마주치고 손을 잡는 그 시간 속에서 사랑은 깊어진다. 사랑은 어딘가 혹은 언젠가가 아닌 바로 '지금 여기'에 있다.

My thoughts

....
....
....

상처받은 사랑도
나를 성장 시킨다

아프고 쓰라린 기억도 결국 나를 만든다. 그 모든 감정의 흔적은 나를 더 성숙하게 하고, 다음 사랑을 더 깊이 이해하게 한다. 사랑의 상처는 단순한 상처가 아니라, 나를 강하게 만들고 성장시키는 밑거름이다.

My thoughts

....
....
....

사랑은 때로 놓아주는
용기가 필요하다

붙잡는 것이 전부가 아닐 때가 있다. 진짜 사랑은 때로 자유롭게 떠나보낼 줄 아는 마음에서 비롯된다. 용기있게 놓아야만 서로에게 더 좋은 내일이 열릴 수도 있다.

My thoughts

....
....
....

사랑은 나를 더 나은
사람으로 성장시킨다.

사랑을 통해 우리는 타인을 더 깊이 이해하게 된다. 배려와 공감을 배우며 마음의 폭이 넓어진다. 사랑은 결국 나를 더 성장시키는 힘이다.

My thoughts

....
....
....

사랑은 말보다
행동으로 보여진다

 진심은 말로만 전해지지 않는다. 작은 관심과 사소한 배려, 서로를 행복하게 하는 따뜻한 행동들이 사랑의 진정한 표현이다. 말보다 더 강한 것은 언제나 행동이다.

My thoughts

....
....
....

사랑은 함께한 시간으로 깊어진다.

짧은 만남도 소중하지만, 오랜 시간을 함께한 인연이 더 깊은 신뢰를 만든다. 사랑은 함께한 시간 속에서 단단해지며, 그 시간은 거짓말하지 않는다.

My thoughts

....
....
....

사랑은 있는 그대로의 모습에서 시작된다

 사랑은 꾸며낸 모습으로 유지되지 않는다. 진정한 연결은 있는 그대로의 나를 보여줄 때 비로소 만들어진다. 자연스럽고 솔직한 마음이 서로 닿을 때, 비로소 진짜 사랑이 자라고 깊어진다.

My thoughts

....

....

....

사랑은 가끔 눈물을 함께 흘리는 것이다

기쁨만 나누는 관계보다 슬픔까지 함께하는 관계가 더 깊다. 함께 흘린 눈물이 서로의 마음을 더욱 단단하게 묶어준다. 눈물은 마음을 가까이 잇는 가장 진실한 감정이다.

My thoughts

....
....
....

077

사랑은 내가 아닌 '우리'를 생각하는 마음이다

나만이 아닌, 두 사람의 삶을 함께 바라보는 시선이 필요하다. 서로의 다름을 인정하고 존중하며 같은 방향을 향해 걸어가는 것, 그것이 사랑이라는 여정이다.

My thoughts

....
....
....

이별 후에도
나 자신을 잃지 말자

관계의 끝이 나의 끝을 의미하지는 않는다. 나는 여전히 소중하고 사랑받을 자격이 있다. 이별은 나를 돌아보고 더 성장할 수 있는 기회의 시간일지도 모른다.

My thoughts

....
....
....

079

사랑은 때로는 기다림보다 놓아주는 것이 낫다

기다림이 지나치면 마음이 무거워진다. 서로를 자유롭게 놓아주는 것이 더 큰 사랑일 수 있으며, 때로는 손을 놓는 것이 가장 따뜻한 배려가 된다.

My thoughts

....

....

....

사랑은 삶에 색을 입히는
가장 아름다운 선물이다

사랑은 아프기도 하고, 때로는 지치게도 하지만 그 감정이 있기에 우리의 삶은 더 깊어지고 성장한다. 사랑을 경험한 사람은 더 따뜻하고 풍부한 감정을 품게 된다. 사랑은 우리 삶에 다채로운 색과 빛을 더해준다.

My thoughts

....

....

....

"꾸준한 성장과 자기 믿음, 그리고 도전의 힘"

성장은 꾸준한 노력과 자기 믿음에서 비롯된다. 실패와 변화를 두려워하지 않고, 나만의 속도로 도전할 때 비로소 성장할 수 있다. 스스로를 돌아보고 주변의 지지를 받으며 한 걸음씩 나아가는 과정이 성장의 토대가 된다.

Part 5

자기 성장과 목표

성장은 하루아침에 이루어지지 않는다

작고 느린 변화들이 쌓여 어느 순간 커다란 성장을 만든다. 조급해하지 말고, 지금 이 순간에도 내가 나아가고 있다는 사실을 믿어야 한다. 중요한 것은 성장의 여정을 즐기는 태도다.

My thoughts

....
....
....

목표는 방향이지 속도가 아니다

　빠르게 가는 것보다 올바른 길을 걷는 것이 더 중요하다. 속도에 흔들리지 말고, 내가 원하는 방향을 분명히 지켜야 한다. 목표는 언제나 나를 이끄는 가장 정확한 나침반이 된다.

My thoughts

....

....

....

실패는 성공의 밑거름이다

실패는 피해야 할 일이 아니라 반드시 겪어야 할 과정이다. 두려움보다는 배움에 집중하고, 다시 일어설 수 있는 힘을 길러야 한다. 성공은 언제나 수많은 실패 위에 세워진다.

My thoughts

....
....
....

084

나 자신과의 경쟁이 가장 의미 있다

남과 비교하기보다 어제의 나와 경쟁하자. 비교는 나를 지치게 하지만, 내 안의 성장을 바라보는 시선은 나를 단단하게 만든다. 아주 작은 발전에도 아낌없이 스스로를 칭찬해 주자.

My thoughts

....

....

....

085

작은 습관이
큰 변화를 만든다

거대한 성취는 거창한 출발에서 비롯되지 않는다. 하루하루 반복되는 작고 성실한 습관들이 결국 큰 변화를 만든다. 작게 시작하더라도, 멈추지 않는 꾸준함이 가장 큰 힘이다.

My thoughts

....
....
....

목표를 세울 땐
현실적이어야 한다

너무 높기만 한 목표는 오히려 의욕을 꺾는다. 작고 달성 가능한 목표부터 차근차근 이뤄나가며 성취의 감각을 느끼자. 현실적인 목표가 동기를 유지시키는 열쇠다.

My thoughts

....
....
....

버팀이 결국
변화를 만든다

 포기는 누구나 할 수 있지만 끝까지 버티는 끈기는 아무나 가질 수 없다. 절망의 순간에도 다시 일어서는 힘이 결국 변화를 만든다. 포기보다 버티는 선택이 나를 더 멀리 이끈다.

My thoughts

....
....
....

088

성장은 불편함 속에서 이뤄진다

익숙함 속에 머물면 성장은 멈춘다. 새로운 도전과 낯선 경험은 불편하지만, 그 속에서 우리는 조금씩 변화하며 성장한다. 변화는 언제나 익숙함의 바깥에서 시작된다.

My thoughts

....
....
....

089

나만의 속도가
곧 성장의 길이다

남들의 속도에 흔들릴 필요는 없다. 내게 맞는 속도로, 나만의 리듬을 지키며 걷는 것이 결국 가장 멀리 가는 길이다. 느려 보여도 올바른 방향이라면 반드시 도착하게 된다.

My thoughts

....
....
....

멈춤은 때로
새로운 출발이 된다

어디로 가야 할지 막막할 땐 무작정 앞으로 나아가기보다 잠시 멈추는 용기가 필요하다. 멈춘다고 해서 실패는 아니며, 그 멈춤 속에서 길을 다시 찾을 수 있다. 때로 쉼은 가장 현명한 출발점이 된다.

My thoughts

....

....

....

091

자신을 믿는 것이 모든 것의 시작이다

무엇이든 시작은 스스로에 대한 믿음에서 비롯된다. 의심이 나를 멈추게 할 때도 있지만, 자신에 대한 확신은 한 걸음씩 앞으로 나아가게 한다. 믿음은 언제나 나의 가장 든든한 동반자다.

My thoughts

....
....
....

성장은 나를
알아가는 과정이다

자신의 강점과 약점을 인정할 때 진정한 변화가 시작된다. 타인과의 경쟁보다 자기 자신을 이해하는 것이 훨씬 더 중요하다. 나를 깊이 알수록 마음도 더 단단해지고 더 성장할 수 있다.

My thoughts

....
....
....

분명한 목표가
삶의 방향을 만든다

삶의 목적을 분명히 아는 사람은 쉽게 흔들리지 않는다. 명확한 목표는 지치지 않게 하고, 삶에 방향을 제시한다. 내가 세운 목표가 나를 앞으로 나아가게 하는 힘이 된다.

My thoughts

....
....
....

나의 실패는
나만의 특별한 이야기다

모든 실패는 나만의 특별한 경험이 된다. 다른 사람과 비교할 수 없는 나만의 인생이 바로 그 속에서 만들어진다. 실패조차 내 삶을 풍부하게 만드는 소중한 과정임을 잊지 않아야 한다.

My thoughts

....
....
....

함께할 때 더 성장한다.

같은 목표를 향해 함께 걸어가는 사람들이 있다는 것은 큰 힘이 된다. 서로를 격려하고 배우면서 나아가는 과정에서 성장은 더욱 값진 의미를 갖는다. 함께할 때 우리는 더 멀리 나아갈 수 있다.

My thoughts

....

....

....

변화는 두려움이 아니라 성장의 시작이다

변화는 낯설고 불안하지만 피할 수 없는 흐름이다. 그 속에서 우리는 자신을 새롭게 발견한다. 변화의 두려움 대신 희망을 품고 한 걸음씩 나아가는 것이 성장의 시작이다.

My thoughts

....

....

....

작은 성과가
큰 성공을 부른다

큰 성공만이 의미 있는 것은 아니다. 작고 사소한 성과도 충분히 나를 움직이게 한다. 작은 성과에도 스스로를 칭찬하고 인정하는 습관이 결국 더 큰 성공으로 이어진다.

My thoughts

....
....
....

목표를 향한
여정 속에서 나는 완성된다

목표를 향한 여정은 단순히 목적지에 도달하기 위한 과정이 아니다. 그 속에서 나는 배우고 성장한다. 목표를 향해 나아가는 시간이 곧 나를 완성하는 시간이며, 그 여정이 바로 삶의 의미를 만들어 간다.

My thoughts

....

....

....

끈기는 가장 강력한 무기다

열정만으로는 충분하지 않다. 끝까지 견디고 꾸준히 버티는 끈기가야말로 결국 원하는 결과를 만든다. 오늘 하루 더 버틴 내가 내일을 바꾸는 힘이 된다.

My thoughts

....
....
....

100

자신의 가능성을 믿고 도전하자

내 안에는 아직 내가 발견하지 못한 무한한 가능성이 숨어 있다. 도전은 그 가능성을 깨닫게 해주는 열쇠다. 도전의 두려움을 넘어설 때, 더 크고 빛나는 나를 만날 수 있는 기회가 있다.

My thoughts

....
....
....

"내면의 고요함과 마음의 쉼"

마음의 평화는 외부에서 오는 것이 아니라 내 안에서부터 시작된다. 감정을 억누르지 않고 자연스럽게 흘려보내며, 현재에 집중할 때 진정한 고요함을 경험할 수 있다. 자신을 받아들이고 마음을 편안히 내려놓는 것, 그리고 작은 실천과 자연 속에서 휴식을 찾는 것이 평화에 이르는 길이다.

Part 6

마음의 평화

101

평온은 외부가 아니라 내 안에서 시작된다

세상이 아무리 시끄러워도 내 마음이 고요하다면 쉽게 흔들리지 않는다. 진정한 평화는 외부에서 얻는 것이 아니라, 내 안에서 스스로 키워가는 것이다.

My thoughts

....
....
....

모든 감정은
흘러가게 두어야 한다

억눌린 감정은 점점 깊어지고 무거워진다. 기쁨이든 슬픔이든 억지로 붙잡지 말고 자연스럽게 흘러가게 두자. 그 흐름을 그저 지켜보기만 해도 마음은 한결 가벼워진다.

My thoughts

....
....
....

지금 이 순간에 머무는 연습이 필요하다

 과거에 머물면 후회가 찾아오고, 미래를 서두르면 불안이 밀려온다. 오직 지금 이 순간, 내가 존재하는 바로 여기에 집중하는 것이 평온으로 가는 가장 확실한 길이다. 지금 이 순간에 머물며 살아가려는 노력이 필요하다.

My thoughts

....
....
....

내 감정을 먼저
이해해야 한다

내 감정을 먼저 알아차리고 이해하는 것이 가장 중요하다. 남의 이해에 의존하기보다 스스로를 잘 돌보고 이해하는 데서 진정한 평화가 시작된다.

My thoughts

....
....
....

105

마음에도 휴식이 필요하다

몸이 지치면 쉬어야 하듯 마음도 복잡하고 피곤할 때는 생각을 멈춰야 한다. 쉼 없이 달리기만 하면 결국 무너질 수 있다. 때로는 아무것도 하지 않고, 아무 생각 없이 순리에 맡기는 것이 필요하다.

My thoughts

....
....
....

고요 속에서
진짜 내 마음이 들린다

시끄러운 환경에서는 내 마음의 진짜 소리를 듣기 어렵다. 고요한 시간은 나와 대화하는 순간이며, 그 속에서 비로소 내가 진정으로 원하는 것이 무엇인지 알게 된다.

My thoughts

....
....
....

흔들려도 괜찮다
중심만 잃지 않으면

마음은 바람에 흔들리는 나뭇잎처럼 늘 움직인다. 하지만 중심을 단단히 잡고 있으면 잠시 흔들려도 다시 안정될 수 있다. 마음의 중심을 지키는 것이 흔들림 속에서도 나아갈 힘이 된다.

My thoughts

....
....
....

108

자신을 받아들이는 것이 평화의 시작이다.

완벽하지 않아도, 실수해도 지금 이대로 괜찮다고 스스로에게 말해주자. 나 자신을 있는 그대로 받아들이는 순간, 마음 깊은 곳에서 진정한 편안함이 피어난다. 자신을 사랑하는 마음이 모든 변화의 시작이다.

My thoughts

....

....

....

109

마음을 내려놓으면
인생이 가벼워진다

쥐고 있던 고집과 후회, 오래된 감정들을 하나씩 내려놓을수록 마음은 한결 가벼워진다. 내려놓는 건 포기가 아니라 더 나은 나를 위한 선택이다. 비워낼 줄 아는 사람이 진짜 자유를 누릴 수 있다.

My thoughts

....

....

....

다른 사람을 바꾸려 하지 않으면 편해진다

사람은 쉽게 바뀌지 않는다. 기대하기보다는 이해하려 하고, 바꾸려 하기보다는 있는 그대로 받아들일 때 마음이 훨씬 더 가벼워진다. 관계는 바람이 아니라 수용에서 깊어진다.

My thoughts

....

....

....

마음의 평화는 선택이다

 불안은 피할 수 없는 감정이지만, 그 안에 머물지 않는 건 우리의 선택이다. 평화를 선택하는 작은 연습이 쌓이면 삶의 방향이 달라진다. 결국 나를 만드는 건 내가 내리는 선택들이다.

My thoughts

....
....
....

비워야 채워진다

마음을 가득 채운 걱정과 생각들을 비워낼 때, 비로소 새로운 것이 들어올 여지가 생긴다. 비움은 단순한 공허함이 아니라, 더 나은 것들로 다시 채우기 위한 소중한 여백이다.

My thoughts

....
....
....

누구나 불완전하다는 걸
받아들이면 편하다

완벽한 사람은 없으며, 누구나 어딘가 부족한 채 살아간다. 나도 그렇고 남도 그렇다는 사실을 인정하는 순간, 마음엔 여유와 너그러움이 깃든다. 이해와 수용은 편안한 관계를 만들고, 스스로에게도 평화를 안겨준다.

My thoughts

....

....

....

이미 가진 것에 대해
감사함을 가지자

갖지 못한 것에 마음을 빼앗기기보다, 이미 가진 것에 집중하자. 당연하게 여겼던 작고 평범한 것들에 감사하는 마음이 들 때, 불안과 결핍은 조금씩 자리를 내어준다.

My thoughts

....

....

....

내가 나에게 하는 말이 중요하다

자신에게 건네는 말이 결국 내 감정을 만들어낸다. 지나치게 엄격하고 비판적이기보다, 다정하고 따뜻한 말 한마디로 나를 위로하는 것이 중요하다. 내 마음의 평화는 내가 먼저 나를 이해하고 보살필 때 비로소 시작된다.

My thoughts

....
....
....

서두르지 않아야 한다

급하게 달리면 소중한 순간들을 놓치기 쉽다. 반면, 천천히 걸을 때는 사소한 것들까지 더 깊이 느낄 수 있다. 마음의 평화는 속도를 조절하며 여유를 가질 때 자연스럽게 찾아온다.

My thoughts

....
....
....

마음의 평화를 위해선 거리를 둘 줄 알아야 한다

사람과 일, 감정 사이에 적당한 거리감을 유지하는 것은 중요하다. 너무 가까우면 상처받기 쉽고, 너무 멀어지면 소외감이 생긴다. 때로는 한 걸음 물러서 스스로를 편안하게 하는 용기가 필요하다.

My thoughts

....
....
....

자연은 마음을 편안하게 한다.

햇살과 바람, 나무와 흐르는 물소리는 말없이도 마음을 부드럽게 어루만진다. 지치고 힘들 때는 특별한 이유 없이 자연 속으로 걸어가 보자. 그 안에는 언제나 따뜻한 위로가 기다리고 있다.

My thoughts

....
....
....

마음의 평화는
작은 실천에서 온다

깊게 숨 쉬고, 멍을 때리며, 감사 일기 한 줄 쓰기 같은 작은 실천들이 쌓이면 어느새 마음 한구석이 따뜻해진다. 평화는 거창한 것이 아니라 일상 속 소소한 순간들 사이에 숨어 있다.

My thoughts

....
....
....

괜찮지 않아도 괜찮다

언제나 평화롭기는 어렵고, 모든 날이 좋을 수는 없다. 마음이 흔들리고 흐트러지는 날도 있기 마련이다. 그런 순간, 그런 나 자신까지도 괜찮다고 받아들일 때 비로소 진정한 평화가 찾아온다.

My thoughts

....

....

....

"사람과의 편안한 관계와 연결"

모든 관계가 다 좋을 필요는 없고, 건강한 거리를 유지하는 것이 더 중요하다. 진심은 말보다 마음으로 전해지며, 편안한 관계는 자연스럽고 계산 없이 이어진다. 때로는 침묵이 가장 깊은 소통이 되고, 서로의 다름을 인정하며 자신을 지키는 용기가 진짜 관계를 만든다.

Part 7

관계와 소통

121

모든 사람과
잘 지낼 필요는 없다

 누구에게나 좋은 사람이 되려고 애쓰지 않아도 된다. 모든 관계를 다 감당할 수는 없다. 나를 지치게 하는 사람과의 거리를 스스로 조절할 때, 비로소 마음이 편안하고 건강해진다.

My thoughts

....
....
....

좋은 사람을 만나려면 내가 먼저
좋은 사람이 되어야 한다

관계에서는 결국 내가 보여준 모습이 되돌아온다. 진심은 진심을 끌어당기고, 따뜻함은 또 다른 따뜻함을 만든다. 좋은 사람을 만나고 싶다면 내가 먼저 그런 사람이 되어야 한다.

My thoughts

....
....
....

내 마음을 알아주는
사람은 많지 않다

진심을 온전히 이해해주는 사람은 많지 않다. 그 몇 안 되는 사람을 소중히 여겨야 한다. 관계의 가치는 숫자가 아니라 마음이 통하는 깊이에 있다.

My thoughts

....
....
....

말보다 마음이
먼저 전해지는 순간이 있다

말은 서툴 수 있어도 마음은 감춰지지 않는다. 표현이 서툴더라도 진심은 전해지기 마련이다. 마음에서 시작된 진심 어린 감정은 말보다 먼저 닿는다. 결국 마음이 마음을 움직이는 법이다.

My thoughts

....

....

....

불편한 관계는 억지로 이어가지 않아도 된다

관계를 유지하는 데는 분명 에너지가 든다. 서로에게 상처만 남기는 사이였다면, 놓아주는 것도 필요한 용기다. 억지로 이어가는 관계가 늘 정답은 아니다.

My thoughts

....
....
....

때로는 침묵이
가장 좋은 대화다

어떤 말도 위로가 되지 않을 때가 있다. 그럴 땐 침묵이 오히려 더 깊은 공감이 된다. 말 없이 곁에 머무는 것만으로도, 마음은 충분히 위로받을 수 있다.

My thoughts

....
....
....

모든 오해를 풀 수는 없다

아무리 설명해도 닿지 않는 마음이 있다. 억지로 이해받으려 애쓰기보다, 차라리 나를 지키는 선택이 더 현명할 때도 있다. 모든 오해를 다 풀 수는 없다는 걸 받아들이는 태도가 관계를 건강하게 만든다.

My thoughts

....

....

....

진짜 관계는 억지스러운 노력 없이도 편안하다

있는 그대로의 나로도 충분히 괜찮은 사이, 말하지 않아도 마음이 닿는 사람. 그런 관계는 억지로 설명하거나 맞추려 애쓰지 않아도 자연스럽게 이어진다. 힘 들이지 않아도 편안한 관계야말로 오래 가는 진짜 관계다.

My thoughts

....
....
....

먼저 다가가는 사람이 관계를 만든다

 서로 기다리기만 해서는 아무 일도 달라지지 않는다. 관계는 먼저 손 내미는 작은 용기에서 시작된다. 마음을 여는 데는 누군가의 진심 어린 한 걸음이 필요하다.

My thoughts

....

....

....

지나친 친절은 때로
나를 해친다

모두에게 잘하려다 보면 정작 나를 잃게 된다. 상대보다 내 감정을 먼저 챙겨야 할 때가 있다. 친절도 적당할 때 비로소 진심이 된다.

My thoughts

....
....
....

131

진심은 느려도 결국 닿는다

금세 알아주지 않아도 괜찮다. 진심은 느리더라도 결국 전해지는 힘이 있다. 시간이 지나도 변하지 않는 마음은 누군가의 마음에 닿게 마련이다.

My thoughts

....

....

....

관계는 이해보다 공감에서 깊어진다

완벽히 이해하려 애쓰기보다 있는 그대로 받아들이는 태도가 더 깊은 관계를 만든다. 이해에는 한계가 있지만 공감은 그 너머까지 닿을 수 있다. 따뜻한 관계는 말이 아니라 마음에서 시작된다.

My thoughts

....
....
....

모든 사람을
만족시킬 수는 없다

 비판과 오해는 삶의 일부이기에 피할 수 없다. 모두를 만족시키려 애쓰기보다 진심이 닿아야 할 사람에게 마음을 다하는 것이 더 중요하다. 흔들림 속에서도 나의 중심을 지키는 것, 그것이 진짜 힘이다.

My thoughts

....
....
....

관계는 거리가 아니라 마음의 온도로 결정된다

 같은 자리에 있어도 마음이 닿지 않으면 외로움은 깊어진다. 반면 멀리 있어도 마음이 연결되어 있다면 그건 진짜 관계다. 관계의 진심은 물리적 거리가 아니라 마음의 온도로 결정된다.

My thoughts

....
....
....

말 자체보다
마음이 더 중요하다

 어떤 말보다 중요한 것은 '왜 그런 말을 하는가'이다. 말의 내용보다 그 안에 담긴 마음이 더 깊은 영향을 준다. 따뜻한 의도는 말투를 넘어 상대의 마음에 전해지기 마련이다.

My thoughts

....

....

....

가장 깊은 상처는
가까운 사람에게서 온다

가장 깊은 상처는 가까운 사람에게서 온다. 가까울수록 기대가 크고 그만큼 실망과 아픔도 크다. 그러나 진심 어린 대화와 서로를 이해하려는 마음이 있다면 상처는 회복되고 관계는 더 단단해질 수 있다.

My thoughts

....

....

....

모든 관계는
거리가 필요하다

아무리 가까운 사이도 숨 쉴 공간이 필요하다. 너무 가까우면 서로 지치기 쉽다. 오래가는 관계일수록 적당한 거리 유지가 필요하다. 서로를 배려하며 마음의 여유를 갖는 것이 진정한 가까움이다.

My thoughts

....
....
....

가끔은 모른 척하는 것도 배려다

모든 것을 다 드러내기보다 때로는 모른 척하는 여유가 관계를 부드럽게 한다. 모든 걸 다 알 필요는 없으며, 그런 여유와 배려가 깊은 신뢰와 존중을 만든다. 그것이 오랜 관계를 지키는 힘이 된다.

My thoughts

....
....
....

139

말을 아끼면
오해도 줄어든다

말은 때로 칼보다 날카롭다. 불필요한 한마디가 상처가 될 수 있으니, 말을 하기 전 반드시 한 번 더 생각하는 습관이 필요하다. 신중한 말이 관계를 지킨다.

My thoughts

....
....
....

가장 편한 관계는
침묵이 불편하지 않은 사이다

굳이 말하지 않아도 편안한 사람, 조용함이 어색하지 않은 사람이 있다. 그런 관계는 말로 말보다 깊고, 마음이 마음을 알아보는 진정한 연결이다.

My thoughts

....

....

....

"두려움과 용기, 그리고 나다운 길 찾기"

변화는 두렵지만 피할 수 없는 성장의 일부다. 모든 선택에는 책임과 결과가 따르며, 때로는 포기가 더 나은 선택일 수도 있다. 익숙함을 내려놓고 작은 실천부터 시작하자. 중요한 건 내 마음의 소리에 귀 기울이며, 나만의 속도와 방향으로 진심을 담아 나아가는 것이다. 그것이 진짜 변화의 시작이다.

Part 8

변화와 선택

두려움 속 한 걸음이
인생을 바꾼다

익숙한 길만 걷다 보면 새로운 풍경은 보이지 않는다. 낯선 길이 두렵더라도 그 안에서 우리는 성장한다. 변화는 늘 불안을 동반하지만, 그 너머엔 더 나은 내가 기다린다. 두려움 속에서도 한 걸음 내딛는 작은 시도가 결국 인생의 방향을 바꾼다.

My thoughts

....
....
....

책임이 자유의 시작이다

우리가 한 선택에는 항상 결과가 따라오고, 그 책임은 결국 내 몫이다. 남을 탓하기 시작하면 삶의 주도권을 잃지만, 내 선택을 받아들이는 순간 비로소 삶의 중심에 서게 된다. 책임지는 태도는 자유로운 삶의 시작이 된다.

My thoughts

....

....

....

143

멈춤과 내려놓음도
현명한 선택이다

 끝까지 가는 것이 언제나 정답은 아니다. 잘못된 길이라면 멈추고 돌아서는 것도 현명한 선택이다. 무언가를 포기한다고 해서 실패를 의미하지는 않는다. 내려놓을 줄 아는 용기야말로 삶을 가볍게 한다.

My thoughts

....

....

....

익숙함을 버려야
새로운 길이 열린다

새로운 가능성은 기존의 틀을 내려놓을 때 열린다. 익숙함에 집착하면 더 나은 기회를 놓친다. 용기를 내어 익숙함을 버릴 때 비로소 진정한 변화가 시작된다.

My thoughts

....

....

....

작은 선택들이 모여
내일을 만든다

우리는 매일 수많은 선택을 한다. 작은 결정들이 모여 삶을 만들고 미래를 이끈다. 신중하되 주저하지 말고, 두려워도 멈추지 말고 계속 선택하자.

My thoughts

....
....
....

변화는 방향이지
속도가 아니다

 빠르게 움직인다고 해서 반드시 올바른 길에 있는 것은 아니다. 때로는 천천히, 그러나 확실한 방향으로 나아가는 것이 더 중요하다. 남과 비교하기보다 나만의 속도와 리듬을 존중하며 걸어가자. 그런 걸음이 꾸준한 성장과 내면의 평화를 가져온다.

My thoughts

....

....

....

선택하지 않으면 아무 일도 일어나지 않는다

 결정을 미루는 동안 기회는 사라지고, 가만히 있으면 삶은 멈춘다. 움직이지 않으면 변화도 없고, 새로운 길은 선택하는 이에게만 열린다. 용기를 내어 한 걸음 내딛는 선택을 하자.

My thoughts

....
....
....

모든 변화는
불편함을 동반한다

변화는 언제나 익숙함과의 작별을 요구하고, 그 과정은 불편하고 때로는 고통스럽다. 하지만 그 불편함 속에 성장의 씨앗이 자란다. 견디는 힘이 곧 내일을 바꾸는 힘이 된다.

My thoughts

....
....
....

149

과거의 선택을 후회하지 말자

그때의 나는 최선을 다했고, 그로 인해 지금의 내가 있다. 후회에 머무르면 앞으로 나아가기 어렵다. 과거에서 배움을 얻을 때 비로소 새로운 발걸음을 내딛을 수 있다. 과거는 후회가 아닌 성장의 밑거름이 되어야 한다.

My thoughts

....

....

....

변화는 선택하고 움직이는 이에게 온다

삶을 바꾸려면 그에 맞는 선택이 필요하다. 방향을 정하고 책임 있게 결정할 때 비로소 변화가 시작된다. 바람은 누구에게나 불지만, 바람을 타고 움직이는 사람만이 변화를 경험한다.

My thoughts

....
....
....

새로운 길에는
언제나 두려움이 따른다

 처음 가는 길 앞에서 망설이는 것은 자연스럽다. 하지만 두려움을 딛고 한 걸음 내딛으면 불안은 줄고 자신감이 자란다. 길은 그렇게 두려움을 넘어 스스로 만들어 가는 것이다.

My thoughts

....
....
....

하루의 작은 선택이
인생을 바꾼다

위대한 변화는 큰 결심보다 매일의 작은 선택에서 시작된다. 방향을 조금만 바꿔도 도착지는 달라지고, 오늘의 사소한 결정이 내일의 삶을 완성한다.

My thoughts

....
....
....

153

선택은 때로 고독을 동반한다

모든 선택이 모두에게 이해받을 수는 없다. 때로는 누구의 지지도 없이 혼자 결정을 지켜야 할 때가 있다. 그 순간의 외로움은 쉽지 않지만, 결국 그 고독이 나를 더 단단하게 만들고 한층 성숙하게 성장시킨다.

My thoughts

....
....
....

변화를 두려워하는 건
자연스러운 일이다

변화 앞 망설임은 누구나 겪는다. 두려움에 멈추지 말고 한 걸음씩 나아가자. 진짜 용기는 불안 속에서도 앞으로 나아가는 힘이다. 작은 발걸음이 큰 변화를 만든다는 것을 우리는 이미 잘 알고 있다.

My thoughts

....

....

....

155

변화는 비움에서 시작된다

지금 손에 쥐고 있는 익숙함이 더 나은 기회를 막고 있을지도 모른다. 안정감이 성장을 가로막는다면, 과감히 놓아야 한다. 변화는 비움에서 비롯된다.

My thoughts

....
....
....

선택에 정답은 없다

 삶의 선택에는 정해진 해답이 없다. 어떤 길이든 내가 의미를 부여하고 책임을 다한다면 그 자체로 충분히 가치 있다. 정답을 찾기보다 내가 믿는 길을 흔들림 없이 걷는 것이 더 중요하다.

My thoughts

....

....

....

변화는 기다림이 아니라 행동에서 시작된다

 기다리기만 하면 변하지 않는다. 작은 행동부터 실천할 때 변화가 시작된다. 말보다 행동이 힘이 되고, 진짜 의지는 실천으로 드러난다.

My thoughts

....
....
....

미래는 오늘의 선택에서 만들어진다

 미래는 하루아침에 찾아오지 않는다. 내가 오늘 내리는 선택이 내일의 삶을 만든다. 지금 이 순간의 결정이 앞으로 걸어갈 길을 바꾼다.

My thoughts

....

....

....

159

기회는 준비된 마음에 찾아온다

 삶은 예기치 않은 순간에 중요한 전환점을 맞는다. 준비된 마음만이 그것을 기회로 보고 붙잡을 수 있다. 그래서 늘 준비하는 마음이 중요하다. 작은 준비의 습관이 결국 큰 변화를 만든다.

My thoughts

....
....
....

선택의 순간, 내 마음의 소리를 들어야 한다

중요한 선택의 순간에는 내 마음의 소리에 귀 기울여야 한다. 남의 말보다 내 안의 목소리를 믿을 때, 흔들림 없는 길이 보인다. 스스로의 선택을 존중할 때 비로소 삶의 중심에 설 수 있다.

My thoughts

··
··
··

"꿈, 꺼지지 않는 희망의 불빛"

꿈은 크기와 상관없이 우리를 앞으로 나아가게 하는 힘이다. 희망은 포기하지 않는 마음에서 피어나며, 내 안의 믿음과 태도가 희망을 키운다. 꿈은 나를 성장시키고 삶을 견디게 하는 힘이다.

Part 9

꿈과 희망

꿈은 작아도 괜찮다

꿈은 꼭 크거나 거창할 필요 없다. 작고 소박한 바람이어도 나를 움직이게 한다면 충분하다. 중요한 건 그 꿈이 오늘을 살아가게 하는 힘이 되느냐이다.

My thoughts

....

....

....

어떤 경우에라도 희망을 가져야 한다

절망의 끝에서도 작은 희망 하나는 지켜야 한다. 그 희망의 불씨는 어둠을 견디게 하고, 다시 일어설 용기를 준다. 희망은 언제나 새로운 시작으로 이끄는 힘이 된다.

My thoughts

....
....
....

시련 속에서도
희망은 놓지 말아야 한다

삶은 늘 원하는 대로 흘러가지 않는다. 때로는 예상치 못한 어려움이 찾아오고, 준비되지 않은 시련이 다가온다. 하지만 그 안에서도 배움은 남고, 그 배움이 결국 나를 더 단단하게 만든다. 그래서 어떤 시련 속에서도 꿈과 희망을 버리지 말아야 한다.

My thoughts

....
....
....

꿈은 길을 잃을 때
빛나는 이정표다

현실이 막막하고 어디로 가야 할지 모를 때, 꿈은 분명한 방향을 제시하는 이정표가 된다. 지치고 흔들릴수록 더욱 또렷하게 떠오르는 그 꿈이 삶을 이끌어가는 힘이다.

My thoughts

....

....

....

희망은 상황이 아니라 태도에서 온다

 어떤 상황에 놓였는지보다, 그것을 어떻게 받아들이고 대처하는지가 더 중요하다. 희망은 외부가 아닌 내 마음가짐에서 시작된다. 희망은 상황을 어떤 태도로 보느냐와 관련된 문제다.

My thoughts

....

....

....

쉼은 더 멀리 가기 위한 힘이다

꿈을 이루는 데 시작 시점은 중요하지 않다. 속도보다 끝까지 가려는 의지가 꿈을 이루는 진짜 힘이다. 지금 이 순간이 남은 내 삶에서 가장 빠른 출발점임을 잊지 말자.

My thoughts

....
....
....

희망은 상상에서 자란다

 지금은 불가능해 보이는 일도, 먼저 마음속에서 가능하다고 믿을 때 비로소 현실로 다가온다. 희망은 구체적인 계획 이전에, 상상이라는 토양 위에서 자란다. 상상이 곧 현실의 첫걸음이다.

My thoughts

....
....
....

꿈은 있는 그대로의 내가 꾸는 것이다

 꿈은 완벽한 사람이 되어서 꾸는 것이 아니다. 부족하고 흔들리더라도 마음속에 품을 때 의미가 있다. 있는 그대로의 내가 꿈을 꾸기에, 그 길은 더 진솔하고 단단해진다.

My thoughts

....

....

....

희망은 마음을
단단하게 만든다

포기하고 싶은 순간마다, 왜 시작했는지를 되새겨 보자. 그때의 간절한 마음을 기억하는 것만으로도 다시 일어설 힘이 생긴다. 희망은 흔들리는 마음을 붙잡아주는 조용하지만 단단한 중심이다.

My thoughts

....

....

....

꿈은 스스로에게 내리는 허락이다

누군가의 동의나 응원이 없어도 괜찮다. 내 안에 있는 열망과 믿음이 있다면, 그 자체로 시작할 수 있다. 타인에게 휘둘리지 않고 나 자신을 믿는 것이 첫걸음이다. 꿈은 누군가의 승인이 아니라, 스스로에게 내리는 허락이다.

My thoughts

....

....

....

희망은 기다림이 아니라 만들어가는 것이다

희망은 언젠가 다가오기를 기다리는 수동적인 감정이 아니다. 작고 구체적인 실천 속에서 자라나며, 나의 의지와 행동에서 비롯되는 능동적인 힘이다.

My thoughts

....
....
....

꿈은 현실을 피하는 도피처가 아니다

 꿈은 힘든 현실을 피하기 위한 도피처가 아니다. 우리는 더 나은 삶을 향해 나아가기 위해 꿈을 꾼다. 진짜 꿈은 현실을 외면하는 것이 아니라, 마주하고 넘어설 용기를 준다. 꿈은 도전의 출발점이자 삶의 방향이어야 한다.

My thoughts

....

....

....

희망은 어둠 속에서
더 빛난다

모든 것이 무너져 내린 것처럼 느껴질 때, 오히려 희망은 더욱 또렷해진다. 가장 짙은 어둠 속에서 비로소 작은 빛의 소중함을 깨닫듯, 절망의 순간에 움튼 희망은 쉽게 꺼지지 않는 놀라운 힘이 된다.

My thoughts

....

....

....

꿈은 나를 더 나은
사람으로 만든다

꿈을 좇는 과정에서 우리는 성장한다. 새로운 시도는 더 넓은 세상을 만나게 하고, 더 깊은 나 자신을 발견하게 한다. 꿈은 나를 바꾸고 삶을 풍요롭게 만든다.

My thoughts

....
....
....

희망은 사람을
살게 만든다

 아무리 힘겨운 시간을 지나고 있어도, 희망이 있다면 우리는 다시 일어설 수 있다. 희망은 마음속에 숨겨진 힘이자, 절망 속에서도 꺼지지 않는 작은 불씨다. 그 희망만은 결코 놓아서는 안 된다.

My thoughts

....

....

....

꿈이 있어야 지치지 않는다

현실이 아무리 고단하고 지쳐도, 마음속에 품은 꿈 하나가 모든 어려움을 견디게 한다. 꿈은 삶의 버팀목이자, 내일을 향해 나아가게 하는 가장 강력한 힘이다.

My thoughts

....
....
....

희망은 함께할 때
더 커진다

 희망은 혼자 간직할 수도 있지만, 누군가와 나눌 때 더 깊고 강해진다. 같은 방향을 바라보는 이들과 함께할 때, 희망은 배가되고 삶은 덜 외로워진다.

My thoughts

....
....
....

꿈은 다시 꿀 수 있다

한 번 꺾였다고 끝난 것이 아니다. 잠시 멈췄을 뿐, 다시 시작하면 된다. 되찾은 꿈은 더욱 튼튼해지고 깊은 의미를 지닌다. 그 꿈을 향한 발걸음은 이전보다 더 단호하고 흔들림 없다.

My thoughts

....

....

....

희망은 자신을
끝까지 믿는 힘이다

 희망은 자신을 끝까지 믿는 힘이다. 어떤 어려움이 닥쳐도 자신을 포기하지 않고 믿을 때, 우리는 다시 일어설 수 있는 용기를 얻는다. 자기 신뢰가 바로 희망의 근원이 된다.

My thoughts

....
....
....

삶은 희망을 품는 자에게 미소 짓는다

희망을 놓지 않는 사람은 언젠가 삶으로부터 따뜻한 보상을 받는다. 그날이 언제일지 몰라도, 오늘을 진심으로 살아가는 마음이 나를 원하는 곳으로 이끌어준다. 그 과정 속에서 희망은 나를 지탱하는 가장 큰 힘이 된다.

My thoughts

....

....

....

"흐름을 받아들이는 삶의 지혜"

삶은 완벽하지 않아도 괜찮다. 내려놓음으로 마음이 가벼워지고, '그럴 수도 있다'는 태도로 흐름을 받아들이자. 비교 대신 감사하며 현재에 집중하면, 경험과 고통이 우리를 단단하게 만든다. 결국 삶은 방향을 잃지 않고 흐름을 수용하며 살아가는 과정이다. 지금 이 순간에 감사하는 마음이 진정한 행복을 만든다.

Part 10

삶의 지혜와 깨달음

내려놓는다고
잃는 것은 아니다

무언가를 놓는다는 것은 단순한 포기가 아니라, 자유를 향한 선택일 수 있다. 오래 붙잡을수록 마음은 지치고 상처는 깊어진다. 손을 놓는 순간, 비로소 마음이 열리고 숨통이 트이기도 한다.

My thoughts

....
....
....

모든 일에는 때가 있다

어떤 일은 아무리 서둘러도 이루어지지 않고, 또 어떤 일은 기다릴수록 자연스럽게 무르익는다. 조급함은 불필요한 실수와 후회를 불러온다. 흐름을 믿고, 지금 해야 할 일을 차분히 해나가자.

My thoughts

....
....
....

인생의 큰 깨달음은 '그럴 수도 있다'는 것이다

모든 상황을 완벽히 통제할 수 없고, 사람들도 내 기대와 다르게 행동할 수 있다. 그런 모든 가능성을 받아들이면 마음이 한결 부드러워진다. 수용하는 태도가 내 안의 평화를 만든다.

My thoughts

....
....
....

조용한 삶도
충분히 가치 있다

조용한 삶도 충분히 가치 있다. 화려하지 않고 주목받지 못해도, 평범한 일상 속에서 느끼는 작지만 진실한 기쁨과 만족이 삶을 풍요롭게 한다. 이런 소소한 순간들이 모여 마음을 채우고 의미 있는 인생을 만든다.

My thoughts

....
....
....

인생은 완벽하지 않아도 괜찮다

 오히려 불완전함 속에 인간다움과 성장의 가능성이 깃들어 있다. 실수와 부족함이 있어야 비로소 더 나은 나를 꿈꿀 수 있다. 완벽함보다 진솔함이 사람의 마음을 움직이고, 그 과정에서 진정한 변화가 시작된다.

My thoughts

....
....
....

행복은 비교에서
멀어질 때 온다

 남과 자신을 비교하는 순간, 삶의 소중함은 점점 빛을 잃는다. 내 걸음과 내 속도로 살아갈 때 비로소 마음이 평온해지고, 진정한 행복은 타인이 아닌 나 자신에게서 온다는 것을 잊지 말자.

My thoughts

....

....

....

187

고요한 시간에
진짜 나를 만난다

혼자 있는 시간은 외로움이 아닌 자신과의 소중한 대화다. 세상의 소음이 멈추면, 내면의 진실한 목소리가 또렷이 들린다. 고요함은 마음을 치유하는 쉼표가 된다.

My thoughts

....
....
....

평범한 하루는
축복이다

특별한 일이 없어도 무탈하고 조용한 하루는 큰 축복이다. 평범한 일상이야말로 안정된 삶의 증거이며, 평온은 작은 것에 만족할 줄 아는 마음에서 비롯된다.

My thoughts

....
....
....

삶의 깊이는
겪은 만큼 깊어진다

고통과 기쁨, 실패와 후회까지 모든 경험이 나를 형성하고 삶을 단단하게 만든다. 직접 겪지 않고는 알 수 없으며, 시간이 흐르면 상처조차 소중한 자산이 된다. 지나온 그 모든 흔적이 지금의 나를 완성한다.

My thoughts

....
....
....

강함은
침묵 속에서 자란다

말없이 버티는 시간은 내면을 단단하게 만든다. 드러나지 않아도 조용한 인내 속에서 다져진 성숙은 쉽게 무너지지 않는다. 진짜 강함은 소리보다 침묵 속에서 자란다.

My thoughts

....

....

....

인생은 정답이
아니라 방향이다

　모든 선택이 정답일 수는 없다. 때로는 돌아가고 멈추기도 하지만, 나아가고자 하는 방향만 잊지 않는다면 결국 길은 다시 보인다. 중요한 건 완벽함이 아니라, 흔들려도 계속 걸어가려는 마음이다.

My thoughts

....

....

....

삶의 평화는
받아들임에서 자란다

억지로 끌어당기거나 막으려 할수록 삶은 더 엉킨다. 때로는 힘을 빼고 흐름을 인정할 때 비로소 마음이 제자리를 찾는다. 받아들임 속에서 평화와 지혜가 자연스럽게 자란다.

My thoughts

....
....
....

강함은 여유에서 비롯된다

　모든 것을 너무 무겁게 받아들이면 마음도 몸도 쉽게 지치게 마련이다. 때로는 가볍게 웃어넘기고, 흘려보낼 줄 아는 여유가 필요하다. 진짜 강함은 그런 여유에서 비롯된다.

My thoughts

....

....

....

모든 경험은
언젠가 의미가 된다

 당장은 이해되지 않던 일도 시간이 흐르면 분명한 이유가 있었음을 알게 된다. 퍼즐처럼 흩어진 조각들이 하나씩 맞춰지며, 삶은 결과적으로 모든 순간이 의미를 갖는 이야기로 완성된다.

My thoughts

....
....
....

지금 이 순간이 전부일 수 있다

 과거는 되돌릴 수 없고, 미래는 아직 오지 않았다. 우리가 진짜로 소유할 수 있는 시간은 오직 지금 이 순간뿐이다. 현재에 집중하고 충실히 살아갈 때, 비로소 삶은 깊고 단단해진다.

My thoughts

....
....
....

무엇이든 지나간다

좋은 날도 나쁜 날도, 결국엔 지나간다. 지금의 기쁨은 지나가기에 소중하고, 지금의 아픔도 지나가기에 견딜 수 있다. 영원한 기쁨도 없지만, 영원한 슬픔도 없다.

My thoughts

....
....
....

감사할 줄 아는 마음에 행복이 머문다

작은 것에 감사할 줄 아는 사람은 이미 풍요로운 마음을 가진 사람이다. 특별한 일이 없어도 일상의 햇살, 따뜻한 말 한마디에 감사할 수 있다면 행복은 이미 곁에 있다. 그렇게 발견한 행복이 삶을 더욱 빛나게 한다.

My thoughts

....

....

....

아픔은 성장의 선물이다

부서질 듯한 시간 속에서도 우리는 조금씩 성장하고 있다. 지나고 나면 알게 된다. 가장 아팠던 순간이 성장을 위한 가장 큰 선물이었음을.

My thoughts

....

....

....

삶은 해석하는 방식에 따라 달라진다

 같은 상황이라도 바라보는 시선에 따라 전혀 다른 의미를 가진다. 부정적인 시선은 한계를 만들고, 긍정적인 시선은 가능성을 연다. 삶은 외부의 일이 아니라, 내가 어떤 마음으로 해석하느냐에 달린 이야기다.

My thoughts

....

....

....

200

결국 삶은 살아보아야 아는 것이다

많은 말보다 한 번의 경험이 더 깊은 깨달음을 알려준다. 삶은 이론이 아닌 체험이다. 내 발걸음으로 직접 만들어가는 나만의 이야기다. 그 과정에서 우리는 비로소 진정한 나를 만나고 성장한다.

My thoughts

....
....
....

인생 고민을
덜어주는 말

불안한 마음을
다잡아 주는 200문장

초판 1쇄 발행 2025년 10월 1일

지 은 이 | 현장원 지음
펴 낸 곳 | 브롬북스(BromBooks)
출판등록 | 출판등록 : 제2019-000252호
주　　소 | 서울시 강남구 봉은사로 317, 3층
전　　화 | 070-7563-7775
이 메 일 | brombooks07@gmail.com
홈페이지 | www.jeffstudy.com

저작권자 | ⓒ 2025. 현장원

이 책의 저작권은 저자에게 있습니다. 서면에 의한 저자와 출판사의 허락 없이
내용의 일부 혹은 전부를 인용 및 복제하거나 발췌하는 것을 금합니다.

책값은 뒤표지에 있습니다.
잘못 만든 책은 구입하신 서점에서 교환해 드립니다.

ISBN : 979-11-994146-1-7(03190), 브롬북스 도서번호 L0018766A